Leo & Co.

Liebe im Mai

Alles Digitale zu diesem Buch kann auf der Lernplattform **allango** von Ernst Klett Sprachen abgerufen werden. So geht's:

QR-Code scannen oder **www.allango.net** aufrufen	Buchtitel oder ISBN in der Suche eingeben und auf das Buchcover klicken	Zum Inhalt navigieren, direkt abrufen oder speichern

Dieses Symbol bedeutet, dass zu einem Buch-Abschnitt ein digitaler Inhalt verfügbar ist: **Hörbuch und Lösungen zu den Übungen.**

Ernst Klett Sprachen

Stuttgart

Bildnachweis
20, 34, 41 Andrea Pfeifer; **55** Charlotte Mörtl; **59** Theo Scherling; **61, 62** Sabine Wenkums; **63** Annalisa Scarpa in Diewald

1. Auflage 3 | 2025

Nachfolger von 978-3-12-606395-1
Alle Drucke dieser Auflage sind unverändert und können im Unterricht nebeneinander verwendet werden.
Die letzte Zahl bezeichnet das Jahr des Druckes.
Erstausgabe erschienen 2008 bei der Langenscheidt KG, München

www.klett-sprachen.de

Autor und Autorin: Theo Scherling und Elke Burger

Redaktion: Sabine Wenkums
Layout: Kommunikation+Design Andrea Pfeifer
Illustrationen und Umschlagbild: Johann Büsen
Tonregie: Theo Scherling und Sabine Wenkums
Tonaufnahme, -schnitt und -mischung: Andreas Scherling
Tonstudio: Erik Weissberg, White Mountain Studio, München
Produktion: Bild und Ton, München
Sprecherinnen und Sprecher: Ulrike Arnold, Detlef Kügow, Verena Rendtorff, Ruth Stefani, Ada Stölken, Jenny Stölken, Peter Veit
Druck und Bindung: Elanders GmbH, Waiblingen

Printed in Germany
ISBN 978-3-12-674082-1

Leo & Co.

Liebe im Mai

INHALT

Die Hauptpersonen dieser Geschichte 6

Kapitel 1 8
Übungen 48

Kapitel 2 12
Übungen 48

Kapitel 3 16
Übungen 48

Kapitel 4 18
Übungen 49

Kapitel 5 21
Übungen 51

Kapitel 6 23
Übungen 51

Kapitel 7 26
Übungen 53

Kapitel 8 31
Übungen 55

Kapitel 9 36
Übungen 55

Kapitel 10 39
Übungen 56

Kapitel 11 43
Übungen 58

Landeskunde 59

DIE HAUPTPERSONEN DIESER GESCHICHTE:

Leo

Leo ist eigentlich Maler. Aber er ist auch ein leidenschaftlicher Koch. Vor ein paar Jahren hat er sein Hobby zum Beruf gemacht. Seine Kneipe *Leo & Co.* ist ein gemütliches Lokal, in dem man gut und preiswert essen kann.

Nur sein bester Freund Klaus kommt gar nicht mehr zum Essen. Macht er eine Diät?

Klaus Meier

Klaus Meier ist Leos bester Freund. Zusammen mit seiner Tochter Veronika hat er die Kfz-Werkstatt *Meier & Meier*. Seine Spezialität sind Oldtimer.

Zur Zeit trainiert er täglich für den Stadtmarathon und ist im Stress. Zeit für Familie und Freunde bleibt da wenig – aber vielleicht hat er Zeit für eine attraktive Frau?

Anke Schmitz

Anke Schmitz hat Klaus beim Laufen kennengelernt. Zu zweit macht das mehr Spaß, finden beide und stellen fest, dass sie noch mehr verbindet als das tägliche Laufen.

Veronika Meier und Iris

Veronika lebt und arbeitet bei ihrem Vater. Ihre kleine Tochter Iris erzieht sie allein.

In den Kindergarten kommt ein neuer Junge, Daniel – und mit Daniel kommt ein neuer Vater: Michael.

Iris findet Daniel sehr nett und Veronika findet Michael sehr nett ...

Michael und Daniel

Michael Frohner ist Informatiker.

Er lebt erst seit zwei Wochen in der Stadt. Seinen Sohn Daniel erzieht er allein.

Im Kindergarten lernt er Veronika kennen.

Michael kann sehr gut asiatisch kochen. Und er weiß: Liebe geht durch den Magen.

1

„Sie wünschen bitte?"
„Einen Salat, nein, besser zwei."
Die Frau am Gemüsestand nimmt zwei Köpfe Salat und steckt sie in eine Tüte.
„Darf es sonst noch etwas sein?"
„Ja, ein Kilo Tomaten. Welche schmecken am besten?"
„Die hier. Die kommen aus Frankreich."
„Gut, dann nehme ich davon ein Kilo."
„Noch ein Wunsch?"
„Eine Salatgurke – eh, dann habe ich alles."
„Das macht acht Euro fünfzig, bitte."
„Ganz schön teuer ..."
„Die Tomaten sind leider zurzeit sehr teuer. Hier, bitte schön."
„Danke. Tschüs!"

Veronika nimmt die beiden Tüten und spaziert langsam Richtung Kindergarten.
Sie sieht auf die Uhr: zehn vor eins. Um eins ist die Kindergruppe zu Ende. Noch zehn Minuten Zeit, bis sie ihre Tochter Iris abholen kann.
Veronika Meier erzieht ihre Tochter Iris allein. Sie lebt und arbeitet bei ihrem Vater Klaus.
Zusammen haben sie die Kfz-Werkstatt *Meier & Meier*.
Vor dem Kindergarten setzt Veronika sich auf eine Bank und wartet.

Die Luft ist warm und überall blühen die Bäume.
Ein richtig schöner Maitag.
„Entschuldigung, ist hier noch frei?"
Vor ihr steht ein junger Mann und lächelt sie an.
„Ja klar! Die Bank ist breit genug.
Holen Sie auch Ihr Kind ab?"
„Ja, meinen Sohn. Daniel."

„Ach, ist Ihr Sohn neu in der Gruppe? Meine Tochter Iris hat erzählt, dass ein neuer Junge in der Gruppe ist."
„Genau. Wir sind vor zwei Wochen hierhergezogen. Wir hatten Glück mit dem freien Platz in der Gruppe. Ich dachte, wir müssen ein Jahr warten. Es gibt ja kaum freie Kindergartenplätze."
„Haben Sie sich schon bei uns eingelebt[1]?"
„Ja, ein bisschen schon. Im Moment richten wir noch die Wohnung ein und ..."
Ü1 „Ah, da kommen sie!"

„Hallo, Mami!"
Iris läuft zu ihrer Mutter. Veronika breitet die Arme aus und fängt sie auf.
„Hallo, Iris!"
Veronika gibt ihrer Tochter einen Kuss.
„Na, wie war's heute?"

1 *sich einleben*: sich allmählich zu Hause fühlen in einer neuen oder fremden Umgebung, z.B. in einer neuen Stadt

„Toll! Wir haben gespielt und wir haben ein neues Lied gelernt: Der Mai ist gekommen ...“
Veronika lacht.
Daniel und sein Vater kommen auch wieder zur Bank.
„Also, tschüs, dann bis morgen.“
„Morgen holt mein Vater Iris ab. Aber übermorgen ...“
„Du, Mami, darf ich morgen zu Daniel gehen?“
„Ich weiß nicht. Geht das?“, fragt Veronika.
„Klar! Kein Problem“, sagt Daniels Vater. „Ich hole beide vom Kindergarten ab und nachmittags können Sie Iris ja bei uns abholen. Moment, hier ist meine Karte.“
„Danke. Und wenn es irgendein Problem gibt, dann rufen Sie mich einfach an. Ich habe leider keine Karte dabei. Aber wir stehen im Telefonbuch: *Meier & Meier*, Kfz-Werkstatt.“
„Aha, dann reparieren Sie Autos?“
„Genau! Tschüs!“

Veronika nimmt die beiden Einkaufstüten und geht mit Iris zum Auto.
Im Gehen liest sie die Visitenkarte:

Michael Frohner
Informatik

Schillerstraße 14 · 22767 Hamburg
Telefon 040-122 223 99

2

Veronika steht in der Küche und wäscht den Salat.
Im Kinderzimmer spielt Iris.
„Sag mal, meine Süße, ist Daniel eigentlich nett?"
„Daniel ist mein Freund!"
„Aber er ist doch noch ganz neu in der Gruppe."
„Egal. Daniel ist mein Freund! Und Nikola und Simon sind blöd."
„Und warum sind die blöd?"
„Weil die uns immer ärgern!"

Veronika trocknet den Salat und schneidet die Gurke in Scheiben.
„Wer holt denn Daniel immer ab?"
„Sein Papa."
„Immer?"
„Weiß ich nicht."
Veronika schneidet die Tomaten, gießt Öl und Essig in eine Schüssel und macht einen großen gemischten Salat.

„Hallo, allerseits!"
Klaus Meier kommt aus der Werkstatt.
„Opa! Opa!"
„Hallo, mein Engel!"
„Hallo, Paps[2], du kannst dich gleich an den Tisch setzen, der Salat ist fertig!"

2 *Paps*: Kosewort für *Papa*

„Ich wasche mir nur schnell die Hände und ziehe mich um."
„Gehst du nach dem Essen nicht mehr in die Werkstatt?"
„Nein. Kannst du heute übernehmen[3]? Es ist nicht viel los und Ralf weiß Bescheid."

Zehn Minuten später sitzen Klaus und Veronika und Iris am Küchentisch und essen Salat.
„Lecker! Aber ein bisschen viel Öl", meint Klaus.
„Paps, das bisschen Öl wird dir nicht schaden."
„Du weißt, ich bin im Training! Da achte ich auf jede Kalorie!"
„Ja, ja."
Klaus Meier trainiert für den großen Stadtmarathon Ende Mai. Er hat einen Trainingsplan und einen Ernährungsplan: Er läuft jeden Tag und achtet genau auf sein Essen: Kein Alkohol, kein Kaffee, keine Süßigkeiten, aber viel Salat, Gemüse und Obst.
„Ach, Veronika, kannst du Iris morgen abholen? Ich kann leider doch nicht. Ich muss in die Stadt, was erledigen."

3 *übernehmen*: hier: *die Arbeit in der Werkstatt für Klaus machen*

„Kein Problem. Iris geht morgen gleich nach dem Kindergarten zu Daniel. Ich hole sie dann am Nachmittag dort ab."
„Prima! Tut mir leid, aber im Moment habe ich einfach viel um die Ohren[4]."
Ü2 „Wie immer ..."

Am Nachmittag sitzt Veronika im Büro.
Sie schreibt Rechnungen, schickt Mails und bestellt Ersatzteile im Internet.
Iris sitzt am Boden und spielt mit ihren Puppen.
Veronika geht mit der Auftragsliste in die Werkstatt.
„Ralf?"
„Hier bin ich!"
Ralf, der Mechaniker, liegt unter einem Auto und arbeitet.
„Ist der Wagen von Herrn Gerstäcker schon fertig?"
„Gerstäcker? Was soll das für ein Wagen sein?"
„Warte mal - wow! Ein roter Mercedes 190 SL, Cabrio."
„Ach, der Oldtimer[5]. Der steht noch im Hof. Den wollte Klaus reparieren."
„Der soll bis morgen fertig sein."
„Tja, tut mir leid. Oldtimer sind Chefsache[6]. Hat er bestimmt vergessen."
„Hm, Paps vergisst einiges im Moment. Möchtest du einen Kaffee?"
„Gern!"

Veronika geht zurück ins Büro und schaltet die Kaffeemaschine ein.
Dann stellt sie zwei Tassen auf ein Tablett.
Das Telefon klingelt.

4 *viel um die Ohren haben*: ugs. für *viel Arbeit haben, viel zu tun haben*
5 *der Oldtimer*: ein altes, oft seltenes, wertvolles und teures Auto
6 *die Chefsache*: eine Arbeit, die nur ein Chef / eine Chefin macht

„*Meier & Meier*, guten Tag."
„Hallo, hier ist Anke, Anke Schmitz. Kann ich bitte Klaus, ich meine, Herrn Meier sprechen?"
„Der ist leider nicht da."
„Dann sind Sie bestimmt seine Tochter?"

Veronika kennt die Anruferin nicht, deshalb antwortet sie eher zögerlich:
„Ja – worum geht es denn? Vielleicht kann ich Ihnen ja weiterhelfen."
„Ach, nicht so wichtig."
„Ich kann meinem Vater gern eine Nachricht notieren."
„Nein, das ist nicht nötig. Ich rufe einfach noch mal an. Tschüüüs!"
„Tschüs, Frau Schmitz."

Veronika nimmt einen kleinen gelben Zettel und notiert:
Frau Schmitz hat angerufen.
Dann klebt sie den Zettel ans Telefon.

3

„Veronika, ich mach' Feierabend. Es ist schon nach sechs."
Ralf steht in der Tür zum Büro.
„Klar, geh nur. Ich mache nur noch die Buchhaltung fertig und dann gehen wir auch. Bis morgen!"
„Bis morgen!"
Veronika schaltet den Computer aus und den Anrufbeantworter ein.
„Iris?"
„Ja, Mami?"
„Hast du Hunger?"
„Ich habe Riesenhunger[7]!"
„Komm, wir gehen zu Leo und essen was Feines."
Iris nimmt ihre Puppen auf den Arm und kommt zum Schreibtisch.
„Ich möchte Pommes[8] und ein Eis! Aber keinen Salat!!"
Veronika lacht.
„Versprochen! Kein Salat! Dafür gibt's Pommes mit Tomatenketchup und ein großes Eis!"
„Darf ich Frieda und Paula mitnehmen?"
„Klar! Die kriegen auch Pommes."
„Mami! Puppen können doch gar nicht wirklich essen!"

7 *Riesenhunger haben: sehr großen Hunger haben*
8 *die Pommes*: ugs. für *Pommes Frites*, frittierte Kartoffeln

Eine Viertelstunde später sitzen die beiden bei *Leo & Co.*
Leo & Co. ist ein gemütliches Lokal, in dem man gut und preiswert essen kann.
Der Besitzer heißt Leo. Leo ist eigentlich Maler. Aber er ist auch ein leidenschaftlicher Koch. Und vor ein paar Jahren hat er sein Hobby zu seinem Beruf gemacht.

› Ü3
› Ü4

4

Am nächsten Morgen um 8 Uhr bringt Veronika Iris in den Kindergarten.
Daniel ist noch nicht da.
Sie wartet vor dem Kindergarten.
Aber Daniel und sein Vater kommen nicht.
Veronika geht zurück ins Haus und spricht mit der Erzieherin.
„Carola, ich muss jetzt los. Iris geht heute Mittag zu Daniel. Michael, also der Vater von Daniel, holt die beiden ab. Kannst du mich anrufen, wenn das nicht klappt? Ich bin den ganzen Tag in der Werkstatt."
Ü5 „Kein Problem. Mach' ich. Tschüs!"

Um halb neun ist Veronika wieder im Büro. Es gibt viel zu tun. Kunden bringen ihre Autos. Veronika nimmt die Aufträge an: Kundendienst, Ölwechsel, Reparaturen und vieles mehr.
Klaus und Ralf arbeiten in der Werkstatt.
„Paps, ich gehe mal kurz auf einen Kaffee zu Leo. Soll ich für heute Mittag was einkaufen?"
„Nein, danke, lass mal. Ich muss sowieso um eins weg."
„Und was möchtest du heute Abend?"
„Ich glaube, ich komme heute erst spät nach Hause. Esst ruhig ohne mich."
Im Büro klingelt das Telefon.

„Willst du nicht rangehen?“, fragt Klaus.
„Das ist bestimmt für dich. Da hat gestern eine Frau Schmitz angerufen. Vielleicht ist sie das.“
Klaus Meier sieht auf die Uhr in der Werkstatt.
„Halb elf. Das ist bestimmt der Gerstäcker. Bitte geh du ran.“
„Und was soll ich ihm sagen?“

„Sag einfach, dass die Teile noch nicht da sind."

„Paps, der Mercedes braucht keine Teile. Reifenwechsel, Ölwechsel und ein kleiner Check[9]."

„Ach so? Dann sag halt irgendwas."

Veronika läuft ins Büro und nimmt den Hörer ab.

Ü6 „Und? War das der Gerstäcker?", fragt Klaus Meier.

Ü7 „Ja, der war ziemlich sauer. Er will sein Auto heute noch. Du hast es ihm versprochen."

„Quatsch. Der alte Angeber[10] will bei dem schönen Wetter doch nur mit seinem Cabrio rumfahren. Der hat noch drei andere Autos in der Garage."

„Apropos[11] rumfahren: Ich brauche heute Nachmittag das Auto. Ich muss Iris abholen."

„Das geht nicht! Das Auto brauche ich. Du kannst doch mit dem Bus fahren. Oder nimm das Rad, es ist schönes Wetter."

„Darf ich dich daran erinnern, dass du heute eigentlich Iris abholen wolltest? Wenn du schon keine Zeit für deine Enkeltochter hast, dann darf ich doch wohl das Auto nehmen."

Aus der Werkstatt kommt keine Antwort.

Um ein Uhr hört Veronika lautes Motorengeräusch aus der Werkstatt.

Sie geht ans Fenster.

Klaus Meier sitzt in dem roten Mercedes-Cabrio und fährt damit weg.

9 *der Check*: englisch für *die (Über-)Prüfung, die Kontrolle*
10 *der Angeber*: jemand, der sehr wichtig tut
11 *apropos*: französisch für *übrigens, wenn wir gerade von diesem Thema sprechen*, ...

5

Veronika fährt die Schillerstraße entlang und sucht einen Parkplatz. Endlich findet sie eine Lücke. Sie parkt das Auto und geht zur Hausnummer 14. Auf dem Klingelschild sucht sie den Namen *Frohner*. Neben dem Schild klebt ein kleiner Zettel: „Für Veronika."

Veronika nimmt den Zettel, faltet ihn auf und liest:

> Hallo, Veronika!
> Wir sind auf dem Spielplatz im Park.
> Michael

An der Straßenecke ist ein kleines portugiesisches Café. Veronika kauft zwei Galão[12] und geht zum Park.

Michael Frohner sitzt auf einer Bank am Spielplatz und hat einen Laptop auf seinen Knien. Iris und Daniel spielen in der Sandkiste.

„Hallo!"

„Mami, ich will noch nicht gehen! Wir wollen noch spielen!"

„Ja, spielt nur weiter, wir trinken zuerst Kaffee."

„Hallo, Veronika! Oh, das ist ja Gedankenübertragung[13]! Ich habe zwei Croissants gekauft."

Veronika setzt sich neben Michael auf die Bank. Sie gibt ihm einen Becher mit dem heißen Kaffee und er gibt ihr ein Croissant. Ü8

„Danke! Sie arbeiten sogar im Park?"

„Na ja, ich arbeite eigentlich immer. Ich habe gerade einen wichtigen Auftrag und die Zeit ist ziemlich knapp."

„Und Ihre Frau?"

12 *Galão*: protugiesisch *Kaffee mit Milch*

13 *die Gedankenübertragung*: wenn zwei oder mehr Personen im selben Moment dasselbe denken oder dieselbe Idee haben oder dasselbe tun (möchten)

„Ich bin nicht verheiratet. Und die Mutter von Daniel lebt in Berlin."
„Aha! Ein alleinerziehender Vater."
„Und was macht Ihr Mann? Arbeitet er auch in der Kfz-Branche?"
Veronika lacht, dann trinkt sie einen Schluck Kaffee.
„Ich bin auch alleinerziehend. Der Vater von Iris lebt nicht in Deutschland. – Wollen wir uns nicht duzen? In unserer Kindergruppe duzen sich alle Eltern."
„Gern."
„Also, ich heiße Veronika."
„Und ich bin Michael!"
Ü9 Beide lachen etwas verlegen.

„So, wir müssen jetzt los. Ich muss noch was für heute Abend einkaufen und um sechs die Werkstatt abschließen. Iris! Kommst du?"
„Wollt ihr vielleicht zu uns zum Essen kommen? Dann musst du nicht mehr einkaufen und ich koche doch sowieso."
„Heute? Das geht leider nicht."
„Und morgen?"
„Muss ich erst mal klären. Vielleicht."

„Zweimal Gemüsepfanne, einmal Geschnetzeltes – und gibt es noch Lasagne?"

„Nein, die Lasagne ist aus. Aber es gibt noch leckere Spaghetti Bolognese[14]!"

„O.k., dann frage ich noch mal."

Anna geht zum Tresen und holt zwei Gläser Rotwein, ein Bier und eine Flasche Mineralwasser.

Anna ist Studentin und jobbt bei *Leo & Co.* Sie wohnt bei ihrer Großmutter Gertrude Sommer. Heute hat sie Spätschicht, d. h. sie arbeitet von 18 Uhr bis ca. 22 Uhr.

Das Lokal ist voll. Und zum ersten Mal in diesem Jahr sitzen die Gäste heute auch auf der Terrasse. Es ist ein warmer Maiabend.

Leo arbeitet in der Küche.

Benno hilft ihm. Benno wohnt in einem kleinen Apartment über dem Lokal. Er zahlt wenig Miete, dafür hilft er manchmal in der Kneipe. Ü10

„Weißt du, wen ich heute Mittag in der Stadt gesehen habe?"

„Nein. Ich bin doch kein Hellseher[15]", lacht Leo.

„Klaus!"

„Na und? Was ist daran so besonders?"

„Naja, Klaus war nicht allein."

„Aha. Arbeitest du jetzt auch als Privatdetektiv?"

„Nein, aber Klaus war nicht allein ..."

14 *Spaghetti Bolognese*: italienisch für *Spaghetti mit Hackfleisch und Tomatensauce*
15 *der Hellseher*: eine Person mit einer besonderen Fähigkeit: sie kann z.B. Gedanken lesen, die Zukunft prophezeien

Leo rührt die Tomatensauce um, dann legt er den Kochlöffel zur Seite. Er ist neugierig geworden.
„Jetzt erzähl schon!"
„Also, Klaus in einem roten Mercedes-Cabrio, ein super Schlitten[16]! Und neben ihm eine sehr attraktive Dame."
„Und?"
„Nichts und. Ich habe sie ja nur im Vorbeifahren gesehen."

16 *ein super Schlitten*: hier: *ein tolles Auto*

„Naja, vielleicht eine Kundin."
„Glaube ich nicht. Beide hatten Jogging-Klamotten[17] an."

Anna kommt zum Tresen und hört die letzten Sätze des Gesprächs zwischen Benno und Leo.
„Was gibt es denn so Interessantes, dass du meine Spaghetti vergisst?"
„Vergesse ich nicht, die sind in Arbeit. Ich habe grade erfahren, dass mein bester Freund mit schönen Frauen in fremden Cabrios herumfährt. Das finde ich schon wichtig!"
„Oho! Bist du vielleicht ein bisschen eifersüchtig, Leo?"
„Quatsch! Aber was sagt denn Veronika dazu? Sie ist doch deine beste Freundin."
„Was sagt Veronika wozu?"
„Na ja, zu Klaus - und der Frau."
„Nur kein Neid! Ich brauche noch dreimal Nachtisch: Zweimal Mousse und einmal Zitronenkuchen. Und, Benno, machst du mir bitte drei Espressi?"

Um halb zehn haben alle Gäste gegessen. Einige sitzen noch auf der Terrasse.
Anna macht sich einen Cappuccino. Dann nimmt sie ihr Handy und schreibt eine SMS an Veronika:

Hast du Lust auf einen Cappuccino? Komm doch zu Leo.

Kurze Zeit später klingelt Annas Handy:

Ü11
Ü12

17 *die Klamotten*: ugs. für *Kleidung*

7

„Guten Morgen, meine Lieben!"
„Opa, Opa, ich war gestern bei Daniel! Der ist sooo nett! Und Michael auch. Und heute gehen wir vielleicht ..."
„Du hast ja blendende Laune[18] heute Morgen, mein Engel!"
„Genau wie dein Opa!", lacht Veronika. „Guten Morgen, Paps. Hier ist frischer Kaffee. Ich muss gleich los."
„Ich kann Iris doch in den Kindergarten bringen, dann lerne ich auch gleich Daniel kennen."
„Oh ja! Opa bringt mich heute!"
„Hast du denn Zeit?", fragt Veronika.
„Natürlich! Oder brauchst du das Auto?"
„Nein. Oder ich nehme das Cabrio ..."
Klaus Meier sieht seine Tochter an und lächelt.
„Verstehe. Aber nach dem Joggen habe ich das Cabrio persönlich bei Herrn Gerstäcker abgeliefert. Alles in Ordnung. Du kannst heute gleich die Rechnung fertig machen."
„Na dann ..."

Klaus Meier bringt Iris in den Kindergarten und Veronika geht ins Büro.
Sie bespricht mit dem Mechaniker Ralf die Aufträge, telefoniert mit Kunden und erledigt Bestellungen.

18 *blendende Laune haben: sehr gute, ausgezeichnete Laune haben*

Eine halbe Stunde später kommt Klaus vom Kindergarten zurück. Er hat immer noch allerbeste Laune.
Aber er geht nicht in die Werkstatt, sondern spaziert zum Hoftor. Veronika öffnet das Bürofenster und ruft:
„Du, Paps!“
Klaus Meier dreht sich um und antwortet:
„Ich bin gleich zurück! Ich gehe nur mal schnell auf einen Kaffee zu Leo!“
„Paps!“, ruft sie noch einmal. Dann schließt sie das Fenster.
„Hm, er trinkt doch zur Zeit gar keinen Kaffee ...“

Leo stellt gerade die Sonnenschirme auf die Terrasse.
„Hallo, alter Freund! Endlich kommst du mal wieder vorbei. Wo steckst du denn die ganze Zeit? Geht's dir gut?“
„Hallo, Leo. Mir geht's gut. Sehr gut sogar!“, grinst Klaus. „Ich habe im Moment einfach viel um die Ohren. Die Werkstatt, das Training – und wie geht's dir?“
„Erzähle ich dir gleich. Sag doch, was kann ich dir bringen?“
„Einen klitzekleinen[19] Espresso.“ Ü13

19 *klitzeklein: sehr klein, winzig*

Am Abend steht Veronika vor dem Spiegel und probiert Kleider. „Hm, viel zu elegant. Vielleicht ziehe ich nur ein leichtes Sommerkleid an. Oder Jeans und Pullover?“

Ü14

Klaus Meier ist im Bad und rasiert sich.
Da klingelt es an der Haustür.
„Drring!“
„Bekommst du Besuch?“, ruft Klaus Meier aus dem Bad.
„Ich ziehe mich gerade an. Kannst du mal aufmachen?“
„Ich bin im Bad.“
Es klingelt noch einmal.
„Ja, ja. Ich komme ja gleich!“, schimpft Veronika und zieht den Reißverschluss von ihrem Sommerkleid zu.
„Ich mache schon auf!“, ruft Klaus und läuft die Treppe runter.
„Lass nur, ich bin fertig!“
Im Treppenhaus begegnen sich Vater und Tochter.
Klaus trägt eine Anzughose und ein weißes Hemd. Im Gesicht hat er noch Rasierschaum.
„Paps! Schick!“
„Und du erst!“
Es klingelt zum dritten Mal.
Veronika öffnet die Tür. Sie ist überrascht.

„Hallo, wir dachten, wir kommen mal wieder vorbei.“
Klaus nimmt seine Jacke.
Schnell gibt er Veronika einen Kuss auf die Wange, winkt Paco und Anna und läuft aus der Tür.
„Entschuldigt, aber ich muss los.“
„Schönen Abend, Paps!“
„Gleichfalls!“

Iris kommt aus ihrem Zimmer.
„Machen wir einen Spieleabend?"
Iris liebt Spieleabende mit Anna und Paco.
„Aber wir gehen doch zu Daniel!", sagt Veronika.
„Darf ich nicht lieber mit Anna und Paco hierbleiben, Mami?"
Veronika sieht ihre Freunde fragend an.
„Na klar," sagt Paco, „deshalb sind wir doch hier".
Iris zieht Anna und Paco in die Wohnung.
„Kommt, wir spielen *Mensch ärgere dich nicht*. Und *Memory*! Und ich bleibe ganz lange auf!"
„Ist das wirklich o.k.?" Veronika ist ein bisschen unsicher.
„Natürlich, deshalb sind wir doch gekommen."
„Na, dann gehe ich jetzt. Tschüs, meine Süße, tschüs ihr beiden!"
„Tschüs, meine Liebe." Anna grinst über das ganze Gesicht.
› Ü15 „Schönen Abend!"

8

„Hallo, schön, dass du da bist. Komm rein. – Oh, für mich?" Veronika gibt Michael einen kleinen Blumenstrauß, dann folgt sie ihm ins Wohnzimmer.
Michael stellt den Strauß in eine Vase.
„Was möchtest du trinken? Einen Schluck Wein oder bist du mit dem Auto da?"
„Nein, mit dem Fahrrad. Ich nehme gern ein Glas Wein."
Veronika betrachtet den schön gedeckten Tisch.
„Was gibt es denn Feines? Es riecht schon sehr gut!"
„Na ja, ich bin natürlich kein Meisterkoch, aber manchmal habe ich richtig Lust zu kochen. Am liebsten esse und koche ich asiatisch. Leider mag Daniel das überhaupt nicht."
„Wo ist Daniel eigentlich?"
„Der schläft schon. Er wollte unbedingt wach bleiben, aber vor einer halben Stunde ist er eingeschlafen. Und wo ist Iris?"
„Zu Hause. Meine beste Freundin Anna und ihr Freund Paco sind bei ihr. Iris wollte lieber einen Spieleabend machen", antwortet Veronika und grinst.

Michael bringt das Essen: Chop Suey[20] mit Hühnchen, Gemüse und Reis.

20 *Chop Suey*: asiatisches Gericht

Auf der Serviette liegen zwei Stäbchen.
Veronika versucht mit den Stäbchen zu essen. Am Anfang fallen ihr die Fleischstückchen immer wieder auf den Teller, aber sie findet das sehr lustig. Dann zeigt ihr Michael, wie man die Stäbchen hält, und nach kurzer Zeit klappt es sehr gut.

Zur gleichen Zeit sitzen auch Klaus Meier und Anke Schmitz beim Essen.
Klaus hat Anke in ein feines Restaurant eingeladen.
Als Aperitif trinkt Anke ein Glas Sekt und Klaus ein Glas Mineralwasser.
Der Kellner bringt die Speisekarte.
„Bitte schön."

„Können Sie uns etwas empfehlen?“, fragt Anke.
„Wir haben heute frischen Fisch, Loup de Mer oder Langusten. Und wenn Sie lieber Fleisch essen, dann kann ich Ihnen Filet à la Moutarde empfehlen. Und ganz besonders lecker ist unser Coq au Vin!“
„Danke“, sagt Klaus.
Als der Kellner weg ist, fragt Klaus: „Hast du das alles verstanden, Anke?“
„Klar! Loup de Mer heißt Seewolf, das ist ein Fisch aus dem Meer. Und Langusten kennst du ja wohl?“

„Klar, ich weiß nur nicht, wie man die in so einem feinen Lokal isst."
„Du wolltest doch hierhergehen!", lacht Anke und erklärt weiter: „Dann gibt es ein Filet in Senfsauce. Moutarde heißt Senf. Und Coq au Vin ist ein Hähnchen in Weinsauce mit Gemüse."
„Aha."
„Was nimmst du?"
„Keine Ahnung, klingt alles sehr lecker. Vielleicht den Fisch und einen Salat. Und du?"
„Auf jeden Fall Coq au Vin! Zu Hause koche ich so was nie, viel zu viel Arbeit."

Ü16

Zum Nachtisch nimmt Anke eine Mousse au Chocolat und Klaus einen Espresso.
„Was machen wir noch an diesem schönen Abend?", fragt Anke.
„Wir könnten einen Spaziergang zur Stadtgalerie machen. Da ist heute Abend eine sehr interessante Ausstellung. Die Luft ist lau[21] und ..."
„Du bist ja ein richtiger Romantiker! Meinst du, die haben noch geöffnet?"
„Bis elf Uhr bestimmt. Wir machen einen Spaziergang dorthin und dann sehen wir weiter. Außerdem ist Leo neugierig auf dich ..."
„Leo?"
„Leo ist mein bester Freund. Und er ist Maler."
„Na dann los!"

„Danke für den schönen Abend!"
„War mir ein Vergnügen."
„Das nächste Mal koche ich und du kommst mit Daniel zu uns, einverstanden?"

21 *lau*: hier: *warm*

„Sehr gerne!“
„Also – ich gehe dann. Bis Montag.“
Michael begleitet Veronika zur Haustür. Vor dem Haus steht Veronikas Fahrrad.
„Bis Montag“, lächelt Michael.
Veronika fährt los. Dann dreht sie sich noch einmal um.

Erst elf Uhr. Anna und Paco erwarten sie bestimmt nicht vor Mitternacht.
Bis nach Hause sind es nur zehn Minuten. Am liebsten würde sie noch ein bisschen durch die Stadt radeln.
Die Luft ist warm. Ein wunderbarer Maiabend. Ü17

Vor der Stadtgalerie stehen viele Leute. Sie reden, lachen, trinken. Die Schaufenster sind alle beleuchtet und drinnen stehen Gruppen und unterhalten sich.
Veronika fährt langsamer. Sie entdeckt Leo und hält an. Er spricht mit einer attraktiven Frau um die Fünfzig. Ein Mann hat seinen Arm um ihre Schulter gelegt.
„Paps!“

9

„Seht mal, da kommt Veronika!"
Leo winkt.
Klaus Meier nimmt seinen Arm von Ankes Schulter.
Sie sieht ihn kurz an und schüttelt den Kopf.
„Guten Abend zusammen!", ruft Veronika.
„Schön, dass du auch kommst!" Leo umarmt Veronika. „Ich erkläre deinem Vater gerade die abstrakte Malerei."
„Sein Lieblingsthema! – Hallo, Paps."
„Hallo, meine Liebe! Anke, das ist meine Tochter Veronika."
Anke gibt Veronika die Hand.
„Schmitz, Anke Schmitz! Schön, dass ich Sie endlich persönlich kennenlerne. Klaus hat schon viel von Ihnen erzählt."
Veronika lächelt. „Hoffentlich nur Gutes! Guten Abend, Frau Schmitz. Freut mich."
„Wie war dein Abend, Veronika?", fragt Klaus.
„Wunderschön! Ich kann jetzt sogar mit Stäbchen essen!"
„Und mir hat Anke eine französische Speisekarte erklärt!", lacht Klaus.
„Mit Stäbchen essen, französische Speisekarte – wenn meine Stammkundschaft die internationale Küche entdeckt und fremd geht[22], kann ich meinen Laden bald dicht machen[23]!", meint Leo.
„Tja, ihr Lieben, wir müssen dann. Ich muss morgen früh raus."
„Morgen ist Samstag, Paps. Da haben wir geschlossen."
„Ich weiß, aber ich muss doch trainieren. Nächste Woche ist mein Marathon."

22 *fremd gehen*: ugs. für *untreu sein*, hier: *woanders essen gehen*
23 *dicht machen*: ugs., hier für *schließen*

„Unser Marathon, mein Lieber!"
„Sie laufen auch?", fragt Leo.
„Klar! Anke ist sogar schneller als ich!", sagt Klaus. „Wir haben uns beim Laufen kennengelernt."
Veronika grinst. „Dann ist er Ihnen sozusagen nachgelaufen?"
„Meine Tochter!", seufzt Klaus.

Anke lächelt Veronika an.
„Können wir Sie mitnehmen, Veronika?"
„Danke, aber ich bin mit dem Rad da."
Ü18 „Dann bis bald!"

Klaus Meier stoppt sein Auto vor Ankes Haus.
„Kommst du noch mit rauf?"
„Nein, ich fahre nach Hause. Ich will morgen früh laufen - soll ich dich abholen?"
„Nein. Lauf du mal allein. Ich habe morgen viel zu tun."
Und nach einer Pause sagt sie:
„Du hast eine sehr nette Tochter, Klaus. Schön, dass ich sie kennenlernen durfte. – Wie ist das eigentlich so bei euch?"

Ü19 Anke Schmitz gibt Klaus einen Kuss und steigt aus.
Klaus Meier winkt ihr nach.
Dann startet er das Auto und fährt vergnügt durch die Mainacht nach Hause.

10

Am nächsten Morgen wird Veronika erst um neun Uhr wach.
Schnell steht sie auf.
Sie geht zum Zimmer von Iris.
Vorsichtig öffnet sie die Tür.
Iris sitzt auf ihrem Bett und hört eine Kassette.
„Guten Morgen, Liebes!"
„Psst!"
Veronika geht ins Zimmer und setzt sich neben Iris.
Sie nimmt ihre Tochter in den Arm und zusammen hören sie die Kassette zu Ende.

„Hast du schon mit Opa gefrühstückt?"
„Nein, Opa ist nicht da."
„Ach so. Wo ist er denn?"
„Keine Ahnung. Er ist heute Morgen weggelaufen."
Veronika lacht.
„Dann trainiert er bestimmt. Wollen wir zu Leo frühstücken gehen? Frische Croissants und ein Kakao für dich …"
„... und ein Cappuccino für dich!"
Veronika lacht.
„Dann zieh dich mal schnell an, meine Süße."

Veronika geht ins Bad zum Zähneputzen.
Das Telefon im Flur klingelt.

Ü20

Eine halbe Stunde später sitzen Veronika und Iris bei *Leo & Co.* Iris isst Croissants mit Butter und Marmelade. Veronika trinkt ihren Cappuccino.
Leo kommt an den Tisch.
„Na, ihr beiden, habt ihr noch einen Wunsch?"
„Nein, danke, im Moment sind wir bestens versorgt. Aber für heute Abend möchte ich einen Tisch bei dir bestellen."
„Gern. Für euch zwei?"
„Nein, einen großen Tisch! Für ..."
Veronika denkt nach und zählt die Personen.
„... für sechs Personen."
„Jetzt bin ich aber neugierig", sagt Leo.
„Vier Erwachsene und zwei Kinder. Kochst du uns was Feines?"
„Aber natürlich! Ich werde mir große Mühe geben! Wann kommt ihr?"
„Hm, vielleicht um halb sieben, damit es für die Kinder nicht zu spät wird."

Ü21

„Sieh mal, wer da kommt!"
Leo deutet zum Eingang.
Klaus Meier kommt verschwitzt in seinen Jogging-Klamotten ins Lokal.
„Morgen, allerseits!"
Klaus Meier geht zum Tisch und gibt Iris und Veronika einen Kuss.
„Ein Milchkaffee und das große Frühstück mit Ei, Käse, Schinken und so weiter."

„Laufen macht wohl hungrig!“, lacht Leo.
„Nein, Nachdenken macht hungrig ...“
Leo geht in die Küche.

„Hast du was auf dem Herzen, Paps?“
„Ich habe nachgedacht. Ich glaube, das war ein bisschen blöd gestern Abend. Ich weiß nicht, warum ich dir nichts von Anke erzählt habe.“
„Dachtest du, ich habe etwas dagegen?“
„Ja, vielleicht. Ich hatte einfach Angst, dass in unserer Familie alles durcheinanderkommt.“
Veronika sagt nichts, aber sie lächelt ihren Vater an.
„Ich finde, wir sollten uns alle mal treffen, zum Kennenlernen. Heute Abend vielleicht?“, fragt Klaus.
„Das ist eine gute Idee, Paps!“

11

Am Nachmittag fährt Klaus mit Iris in den Zoo.
Veronika räumt die Wohnung auf.
Sie denkt an den Abend und ist bester Laune.
In Iris' Zimmer sortiert sie die Kleider: Waschmaschine – Schrank.
Dann geht sie in ihr Zimmer und sucht ihr Handy.
Sie setzt sich in einen bequemen Sessel und ruft Anna an. › Ü22

„Ja, Anna."
„Hallo, meine Liebe! Was machst du?"
„Hallo, Veronika! Ach, ich sitze am Computer und schreibe an meiner Semesterarbeit."
„Bei dem schönen Wetter?"
„Ja, leider. Aber Paco kommt nachher und dann gehen wir raus."
„Ich wollte mich bedanken, für gestern, fürs Babysitten."
„Gern geschehen! Iris ist einfach ein Schatz. Sie hat zehnmal beim Memory gewonnen. Wir hatten keine Chance. Und wie war's bei dir? Komm, erzähl endlich!"
„Es war wunderschön! Und Michael kann richtig gut kochen."
„Was gab's denn?"
„Chop Suey mit Hühnchen und Gemüse. Du, ich kann jetzt mit Stäbchen essen."

Nach einer kleinen Pause fragt Anna:
„Und – wann lerne ich ihn kennen?“
„Heute Abend!“
„Wie, was? Ich muss heute Abend arbeiten, da habe ich leider keine Zeit!“
„Überraschung! Wir kommen zum Essen zu Leo.“
„Oh! Dann decke ich für euch zwei einen schönen Tisch. Kerzen, ganz romantisch.“
„Wir kommen zu sechst.“
„Wie bitte? Zu sechst? Wer kommt denn noch?“
„Paps und seine Freundin Anke, Michael und Daniel, Iris und ich.“
„Die ganze Familie?“
„Na ja, besser gesagt: die Familie Meier und ihre Freunde.“

Um fünf Uhr kommen Klaus und Iris vom Zoo.
„Mami, wann gehen wir zu Leo?“
„Um halb sieben. Das dauert noch ein bisschen.“
„Aber ich habe jetzt schon Hunger. Können wir nicht gleich gehen?“
„Erst musst du noch in die Badewanne. Und dann ziehen wir uns hübsch an.“

Ü23

Um 18.30 Uhr treffen sich alle vor dem Lokal *Leo & Co.*
Iris stellt vor:
„Das ist mein Opa, er heißt Klaus. Und das ist Anke, aber sie ist nicht meine Oma!
Und das ist Daniel, mein bester Freund. Und das ist sein Papi. Er heißt Michael und ist der Freund von meiner Mami.“

Klaus und Anke lachen. Michael ist ein bisschen verlegen[24] und Veronika gibt Iris einen Kuss. Dann gehen alle in das Lokal.

ENDE

24 *verlegen: schüchtern, unsicher*

Leo & Co
103

KAPITEL 1

1 Richtig oder Falsch? Kreuzen Sie an.

	R	F
1. Veronika Meier arbeitet im Kindergarten.	☐	☐
2. Sie hat um 13.00 Uhr Feierabend.	☐	☐
3. Veronika hat eine Tochter und ist alleinerziehend.	☐	☐
4. Sie lebt bei ihrem Vater.	☐	☐
5. Vor dem Kindergarten wartet ein junger Mann auf Veronika.	☐	☐
6. Der junge Mann ist neu in der Stadt und hat einen Sohn.	☐	☐

KAPITEL 2

2 Was wissen Sie über Veronika und Klaus Meier? Sammeln Sie.

KAPITEL 3

3 Ergänzen Sie die Sätze.

Leo hat ____________________, es heißt ____________________.

Das Lokal ist ____________________ und ____________________ alt.

Leos Berufe sind ____________________ und ____________________.

4a Wer fehlt beim Essen? Warum? Hören Sie und antworten Sie.

Wer? ____

Grund: ____

4b Was passt? Ergänzen Sie.

Bald, meine Süße, und dann geht ihr in den Park. • Kommt der heute nicht? • Oh ja, gern! • Paps hat im Moment überhaupt keine Zeit. • Gut, dann bring' ich zwei Gläser.

„Bitte schön, die Damen! Einmal Pommes mit Ketchup und einmal Lasagne.
Möchtest du ein Glas Rotwein zur Lasagne, Veronika?"

„____"

„Ich auch!"

„____"

„So, der Rotwein. Und für Iris ein Traubensaft."
„Danke, Leo."

„Wo habt ihr denn Klaus gelassen? ____________________
____________________"

„Ich glaube nicht. ______________________________
____________________ Er hat viel zu tun und dann trainiert er doch für den Stadtmarathon. Für Iris hat er auch kaum Zeit."
„Mami, wann holt Opa mich mal wieder vom Kindergarten ab?"

„____"

„Und ich geh' jetzt in die Küche und mache der jungen Dame ein großes Eis, o.k.?"
„Jaaa!"

4c Hören Sie und vergleichen Sie.

KAPITEL 4

5 Antworten Sie.

Wo ist Veronikas Tochter nach dem Kindergarten?

Sie ____

6a Freundlich oder unfreundlich? Wie reagiert Herr Gerstäcker? Hören Sie.

☺ ☹

6b Hören Sie und ergänzen Sie.

„Meier & Meier, guten Tag."
„Gerstäcker hier. Wann kann ich meinen Wagen ______________________ ______________________?"

„Guten Tag, Herr Gerstäcker. ______________________, ich sehe mal nach. – Da bin ich wieder. Herr Gerstäcker, Ihr Wagen ist ______________________ noch nicht ______________________."

„Wieso? Was ist los? Herr Meier hat mir versprochen, dass der Wagen heute ______________________ fertig ist! Ich ______________________ den Wagen!"

„______________ mir wirklich ______________, Herr Gerstäcker, aber es fehlt noch ein Teil."

„Wie bitte? Was für ein Teil soll denn ______________________?"
„Ein Ölfilter."

„So ein ______________________! Wo wollen Sie denn für diesen Wagen einen Ölfilter kaufen? Im ______________________? Oder bei ebay? Junge Frau, der Wagen ist Baujahr ______________!"

„Ach so. Mein ______________ ist im Moment leider nicht in der ______________, aber ich sag' ihm, dass er Sie sofort ______________ soll, wenn er zurück ist."

„Tun Sie das! Jedenfalls brauche ich den Wagen ______________ noch! Saftladen!"

„Auf ______________________, Herr Gerstäcker."

7 Was meint Herr Gerstäcker hier mit „Saftladen"? Kreuzen Sie an.

Ein Saftladen ist ein Geschäft, in dem man Saft kaufen kann. ☐
Ein Saftladen ist ein Geschäft, das schlecht organisiert ist. ☐

KAPITEL 5

8 **Was denken die beiden? Schreiben Sie in die Denkblasen.**

9 **Was wissen Sie über Michael? Schreiben Sie einen kurzen Steckbrief.**

Name:

Wohnort:

Beruf:

Familie:

KAPITEL 6

10 **Wer sind Anna und Benno?**

Anna: ______________________________

Benno: ______________________________

11a **Worüber sprechen Anna und Veronika? Hören Sie und kreuzen Sie an.**

Anna und Veronika sprechen

über Veronikas Vater ☐

über das Wetter ☐

über Leo ☐

über Michael ☐

11b Was ist richtig? Hören Sie noch einmal und markieren Sie.

1. Veronikas Vater ist *in Leos Kneipe / nicht zu Hause*.
2. *Leo/Benno* hat Veronikas Vater in der Stadt gesehen.
3. Das rote Cabrio gehört *Herrn Gerstäcker / Klaus*.
4. *Klaus/Veronika* trainiert für den Stadtmarathon.
5. *Anna/Iris* ist verliebt.

11c Hören Sie, lesen Sie und vergleichen Sie.

„Hallo, Veronika."
„Hallo, Anna. Cappuccino geht leider nicht. Paps ist noch nicht zu Hause."
„Bei uns ist er nicht. Er war übrigens schon länger nicht mehr hier."
„Ich weiß auch nicht, dauernd ist er unterwegs und für Iris hat er überhaupt keine Zeit mehr."
„Benno hat ihn heute in der Stadt gesehen."
„Wann?"
„Heute Mittag. In einem roten Cabrio ..."
„Ja, das ist der Wagen vom Gerstäcker."
„Er war in Begleitung einer Frau!"
„So?"
„Benno sagt, sie hatten beide Jogging-Klamotten an."
„Ach so! Er trainiert gerade viel für den Stadtmarathon."
„Und wie geht's dir so?"
„Ich war gestern Abend mit Iris bei Leo. Aber du warst nicht da."
„Ich war mit Paco unterwegs, es war so ein schöner Abend. Der perfekte Abend für Verliebte."
„Stimmt. Perfekt!"
„Oh oh!"
„Naja, ähm ..."
„Na komm, sag schon!"
„Also, in unserer Kindergruppe ist ein Neuer. Michael. Ich meine, Daniel, und ..."
„Michael? Daniel? Mach's nicht so spannend! Erzähl!"
„Also, Michael ist der Vater von Daniel und er will morgen Abend kochen und ..."

12 Wie geht das Gespräch zwischen Veronika und Anna weiter? Schreiben Sie eine Fortsetzung.

Anna: Erzähl!
Veronika: Michael will morgen Abend kochen und ...
...

KAPITEL 7

13a Hören Sie und antworten Sie.

1. Wie geht es Leo und Klaus? ______________________________
2. Wohin geht Leo am Abend? ______________________________
3. Wie heißt die attraktive Begleiterin von Klaus? ________________

13b Was bedeuten die Wörter und Wendungen? Kreuzen Sie an.

1. die Kneipe hat heute Ruhetag
   - [a] die Kneipe ist heute geschlossen
   - [b] in der Kneipe darf man heute nicht sprechen
2. ich kann schweigen wie ein Grab
   - [a] ich kann nicht sprechen
   - [b] ich erzähle keine Geheimnisse

13c Hören Sie noch einmal und ergänzen Sie.

„So. – Tja, bei mir ist alles ________________.
Ach so, bevor ich's vergesse, ich wollte dich deshalb sowieso noch anrufen: Kommst du heute Abend mit zu einer Vernissage in die Stadtgalerie? Sehr interessante ______________________. Ich würde so um neun hingehen."

„Um neun? Hat die ________________ heute Ruhetag?"

„Nein, alles bestens organisiert. Ich hab' das ____________ für heute Abend schon _______________ und ab neun wird es sowieso ruhiger. Und Freitagabend ist nicht so viel los. Da gehen die Leute lieber ins ____________ – oder bei dem schönen Wetter ins _______________."

„Um neun? Geht's auch ____________?"

„Klar! Bis ____________ ist bestimmt geöffnet."

„Ich bin heute Abend ____________."
„Mit deiner Trainingspartnerin?"
„Geheimnisse gibt's hier nicht, oder?"

„Benno hat dich in der ____________ gesehen. Klaus mit rotem

____________ und attraktiver Begleitung."

„Und das habt ihr natürlich gleich Veronika ____________!"
„Ich nicht! Du weißt doch, ich kann schweigen wie ein Grab!"

„So, so. Die attraktive ____________ heißt übrigens Anke."

„____________ sie doch ____________."
„Mal sehen."

„Dir geht's ____________ sehr gut, ja?"
„Oh ja! – So, ich muss los. Aber vielleicht sehen wir uns ja heute Abend."
„Ich würd' mich freuen. Und wenn ihr doch was Besseres vorhabt, dann komm doch bitte bald wieder vorbei."
„Bestimmt!"
„Ich mach' dir auch gerne eine Salat ohne alles."
„Tschüs, Leo!"

14a Was hat Veronika vor?

____

14b Was soll sie anziehen? Geben Sie Tipps.

Ich würde … ____________________________

Toll wäre … ____________________________

Zu der Gelegenheit passt … ______________

Sie muss … _____________________________

Sie darf auf keinen Fall … _______________

15 Richtig oder falsch? Kreuzen Sie an.

	R	F
Anna und Paco kommen überraschend zu Besuch.	☐	☐
Klaus hat keine Zeit für den Besuch.	☐	☐
Iris freut sich nicht sehr. Sie möchte lieber zu Daniel.	☐	☐
Veronika bleibt zu Hause und macht mit Iris und ihren Freunden einen Spieleabend.	☐	☐

KAPITEL 8

16 Lesen Sie Kapitel 8 noch einmal bis hier. Sammeln Sie Informationen und sortieren Sie.

Veronikas Abend	Klaus' Abend

17 Wann waren Sie zum letzten Mal verliebt? In wen? Wie war das? Schreiben Sie ein paar Sätze.

KAPITEL 9

18 Ergänzen Sie die Sätze.

1. Veronika entdeckt ____________________
2. Leo freut sich ____________________
3. Leo, Klaus und Anke ____________________
4. Anke freut sich ____________________

19a Worüber sprechen Klaus und Anke? Hören Sie.

19b Bringen Sie den Dialog in die richtige Reihenfolge, nummerieren Sie.

_1_ „Na ja, Veronika, Iris und ich, wir sind eine Familie. Wir machen die Werkstatt zusammen, kümmern uns um die Kleine. Wir leben unser Leben eben so – zu dritt."

___ „Bestimmt! Wann treffen wir uns? Morgen?"

___ „Keine Ahnung. Wir sind ein eingespieltes Team, nach all den Jahren. – Ach, Anke! Das sind schwierige Fragen. Ich weiß es nicht."

___ „Mach das. Und lauf dir deinen Kopf frei, mein Lieber. Gute Nacht!"

___ „Ja, das ist sie wirklich. Tolles Mädchen! Und mit den Männern – vielleicht hat sie einfach keine Zeit. Wobei – heute war da etwas. Sie war aus. Das macht sie eigentlich nie."

_4_ „Hat da überhaupt noch jemand Platz bei euch?"

_7_ „Du wirst sie mögen!"

___ „Ja. Ich frag' Veronika, ob sie Zeit hat."

___ „Hat Veronika denn keinen Freund? Sie ist so nett und sehr hübsch!"

___ „Ich möchte deine Enkeltochter kennenlernen. Na? Was meinst du?"

KAPITEL 10

20a Hören Sie und antworten Sie.

1. Wer ruft an? 

2. Was verabreden die beiden Frauen? ______________________

20b Welche Sätze passen? Ergänzen Sie.

bis heute Abend. • hier ist Anke. • er ist beim Laufen. • Prima Idee! • Beim Laufen. • War gestern eigentlich was Besonderes? • Guten Morgen, Frau Schmitz. • und zu Ausstellungsbesuchen. • Nein, hat er nicht. • Herzlichen Glückwunsch! • Zwei?

„Mmeier."
„Guten Morgen, Veronika, ______________________"

„____ Paps ist leider nicht da."

„Ich weiß, ______________________________________ Aber ich rufe Sie an, Veronika. Sagen Sie, wollen wir uns nicht einfach duzen?"
„Gern."
„Das war gestern eine ziemliche Überraschung für dich, nicht wahr? Klaus hat noch nie von mir erzählt, oder?"

„____
Wo habt ihr euch eigentlich kennengelernt?"

„____ Ich habe einen ziemlich stressigen Job und bin beruflich viel unterwegs. Laufen ist gut gegen Stress. Ja, und dabei haben wir uns kennengelernt. Ist schon eine Weile her. Wir treffen uns, wenn ich länger in der Stadt bin. Zum Laufen, zum Essen, ..."

„... ____"
„Ja! Gestern habe ich endlich auch seinen Freund Leo kennengelernt."
„Na, dann kennst du ja jetzt die ganze Familie."
„Iris fehlt noch."

„____
Paps zieht normalerweise nie einen Anzug an."
„Ich hatte gestern Geburtstag!"

„____!"
„Danke! Wollen wir heute Abend nicht zusammen essen gehen? Zum Beispiel zu Leo? Ich lade euch ein. Und du könntest einen Tisch bestellen."

„____
Darf ich noch jemanden mitbringen?"
„Iris natürlich! Das ist ein Muss!"
„Ja – und einen Mann. Oder besser: zwei."

„____"
„Ja, zwei. Du wirst ja sehen."
„Nur zu! Das wird ja ein interessanter Abend!"
„Bis heute Abend, Anke."

„Tschüs, Veronika, ______________________________________."

20c Hören Sie noch einmal und vergleichen Sie.

21 Veronika bestellt bei Leo einen Tisch für sechs Personen.

Die sechs Personen sind: ______________________________

KAPITEL 11

22 Veronika ruft Anna an. Was will sie ihr erzählen?

23a Was erzählt Iris über Anke. Hören Sie und notieren Sie.

23b Hören Sie und ergänzen Sie.

„Zieht sich Daniel auch ______________ an?"

„Ich weiß nicht. Ich glaube schon. Wenn man am ______________

zum ______________ geht, zieht man sich immer hübsch an."

„Und wenn ich klecker?"

„Wir haben eine ______________________. Kein Problem."

„______________ Anke auch?"

„Anke? ______________ kennst du Anke?"

„______________ hat mir von Anke erzählt."

„Ach, was hat er denn erzählt?"

„Anke muss bald nach ______________."

„Nach Amerika? Was macht sie denn in Amerika?"

„______________. Aber Opa geht nicht mit, er bleibt bei uns.

Und er bringt mich jetzt wieder öfter in den ______________."

„Das ist schön!"

„Kommt Anke auch?"

„Ach so, ja - ja, Anke kommt auch. Sie hat uns sogar alle ______________!"

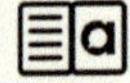

A KINDERBETREUUNG IN DEUTSCHLAND
KiGas und KiTas

1 Was ist was? Ordnen Sie zu.

1. der KiGa — A die Kindertagesstätte
2. die KiTa — B der Kindergarten

Kindergärten und Kindertagesstätten sind Einrichtungen für Kinder, die noch nicht zur Schule gehen. Kindergärten gibt es schon sehr lange. Der erste Kindergarten in Deutschland wurde 1840 gegründet, den ersten Kindergarten weltweit gab es 1828 in Ungarn , er hatte den Namen „Engelgarten". Seit 1837 gibt es dort auch schon die Kindergärtnerinnen-Ausbildung. Der deutsche Gründer hat sich bei der Namensgebung an der Natur orientiert. Kinder sollen wie eine Pflanze gehegt und gepflegt werden, damit sie gut wachsen können. 1910 können 13 % der Kinder in Deutschland einen Kindergartenplatz in Anspruch nehmen, 1941 sind es 31 %. 1971 liegt das Angebot an Kindergartenplätzen in Westdeutschland zwischen 30 und 72 %, je nach Stadt und Region. Seit 1996 gibt es einen Rechtsanspruch auf einen halbtägigen Kindergartenplatz für Kinder ab drei Jahren. Viel schlechter ist die Situation bei der Betreuung für Kinder unter drei Jahren. Im Jahre 2009 gibt es bundesweit für 20 % der Kleinsten eine Tagesbetreuung. Auffallend ist der Unterschied zwischen den alten (West) und den neuen Bundesländern (Ost): In den neuen Bundesländern liegt die Betreuungsquote 2009 bei 15 %, in den alten Bundesländern bei 56 %. Bis 2013, so hat es die Politik bestimmt, soll es in Deutschland für 35 % aller Kinder unter drei Jahren einen Betreuungsplatz in einer Kindertageseinrichtung geben.

2 Was ist richtig? Kreuzen Sie an.

- Kindergärten gibt es seit 1837. ☐
- Die Zahl der Kindergärten ist permanent gewachsen. ☐
- 1971 gab es in Westdeutschland für jedes Kind einen Kindergartenplatz. ☐
- Seit 1996 hat jedes Kind ab drei Jahren das Recht auf einen Kindergartenplatz. ☐

3 Was wissen Sie über die Kinderbetreuung in dem Land, in dem Sie leben oder aus dem Sie kommen? Notieren Sie auch persönliche Erfahrungen.

4 Sammeln Sie Argumente für und gegen die Ganztagsbetreuung von Kindern im Alter von einem Jahr bis zur Einschulung.

Finanzierung und Kosten

Es gibt zwei Arten von Kindergartenfinanzierung: durch Kommunen oder durch freie Träger. Freie Träger sind beispielsweise Kirchen, Vereine, Wohlfahrtsorganisationen oder Elterninitiativen. Aber auch die freien Träger erhalten einen Zuschuss von den Kommunen. Die Kindergartengebühren, die Eltern bezahlen müssen, sind sehr unterschiedlich. Eine Untersuchung aus dem Jahr 2008 nennt Zahlen zwischen Null und 4000 Euro pro Jahr für ein Kind in der Halbtagsbetreuung. Wo es besonders günstig oder besonders teuer ist, lässt sich schwer sagen. Die Gebühren variieren von Gemeinde zu Gemeinde. Manchmal hängen die Gebühren vom Einkommen der Eltern ab, was bedeutet, dass Gutverdiener mehr für den Kindergartenplatz bezahlen. Manchmal spielt das Einkommen überhaupt keine Rolle, weil die Gebühren einheitlich sind. An manchen Orten gibt es eine Ermäßigung für Geschwister, an anderen Orten nicht. Die meisten Städte würden die Kindergartenplätze gern billiger anbieten, können es aber nicht, weil hierfür das notwendige Geld im Haushalt fehlt. Eltern mit geringem Einkommen können beim Jugendamt jedoch eine Ermäßigung beantragen. Um diese Ermäßigung müssen sich die Eltern selbst kümmern, entschieden wird jeder einzelne Fall. D.h., nicht jeder Geringverdiener bekommt automatisch eine Ermäßigung und nicht jeder bekommt sie in derselben Höhe.

5 Antworten Sie.

a Wie hoch sind die Kindergartengebühren in Deutschland?

____

b Was können Eltern tun, die die Kindergartengebühren nicht oder nur schwer bezahlen können?

____

c Haben Sie Kinder im Kindergarten? Was kostet der Kindergartenplatz bei Ihnen?

____

B ALLEINERZIEHEND IN DEUTSCHLAND

In Deutschland gibt es ca. 1,5 Millionen Alleinerziehende oder „Einelternfamilien". Das sind etwa 18 % aller Familien in Deutschland. In den Einelternfamilien leben 2,2 Millionen Kinder. Über 90 % der Alleinerziehenden sind Frauen. Alleinerziehende sind Mütter ohne Ehe oder feste Partnerschaft, geschiedene oder verwitwete Mütter und Väter, die ihre Kinder alleine betreuen und erziehen. Alleinerziehend zu sein ist eine normale Lebensform, sie stellt die Mütter oder Väter aber oft vor besondere Herausforderungen. Vor allem das berufliche Leben gestaltet sich schwierig, weil es an Betreuungsplätzen für die Kinder fehlt. Das Einkommen aus einem Halbtagsjob reicht oft nicht für den Lebensunterhalt. Deshalb sind viele Alleinerziehende auf staatliche Hilfen angewiesen, zumindest solange die Kinder in die Schule gehen. Dennoch: 63 % der Alleinerziehenden sind berufstätig. Eine hohe Zahl. Alleinerziehende sind mit vielem allein: mit der Organisation des Alltags, der Kindererziehung, der Führung des Haushalts und der Sicherung der finanziellen Grundlagen. Kein Wunder, dass Zukunftsangst, finanzielle Probleme und die Ausbildung der Kinder laut einer Umfrage die größten Sorgen der Alleinerziehenden sind. In der Familienpolitik hat sich in den letzten Jahren zwar einiges verbessert, aber bis zur Gleichstellung von Einelternfamilien und Zweielternfamilien ist es noch ein weiter Weg.

6 Richtig oder falsch? Kreuzen Sie an.

	R	F
90 % aller Familien sind Einelternfamilien.	☐	☐
Die Mehrzahl der Alleinerziehenden ist berufstätig.	☐	☐
Zu den größten Sorgen der Alleinerziehenden gehört die Ausbildung der Kinder.	☐	☐
Vor dem Gesetz gibt es keine Unterschiede zwischen Eineltern- und Zweielternfamilien.	☐	☐

Die meisten Alleinerziehenden finden sich in der Altersgruppe zwischen 25 und 55 Jahren, wobei die Mehrzahl (47,2 %) 35 bis 45 Jahre alt ist. 21,5 % sind in der Altersgruppe 45 bis 55 Jahre, 23,1 % zwischen 25 und 35 Jahre alt. Nur ca. 5 % sind jünger als 25. Das Nettoeinkommen der meisten Alleinerziehenden liegt bei 900-1500 Euro, nur wenige haben mehr als 2600 Euro zur Verfügung. Bei der Mehrzahl der Ehepaare mit Kindern liegt das Nettoeinkommen zwischen 2000 und 4500 Euro und mehr. Dass die schlechte Einkommenssituation der Alleinerziehenden mit schlechter Schul- und Ausbildung zusammenhängt, kann nicht bestätigt werden. 40,5 % haben einen mittleren Bildungsabschluss, immerhin fast 24 % die Hochschulreife. 75,5 % aller Alleinerziehenden verfügen über eine abgeschlossene Berufsausbildung.

7 Wie erklären Sie sich die Zahlen? Spekulieren und interpretieren Sie.

Die Familienformen verändern sich seit 1996 kontinuierlich in eine Richtung. Die Zahl der Alleinerziehenden und nicht verheirateten Lebensgemeinschaften steigt kontinuierlich, die Zahl der Ehepaar-Familien sinkt stetig. Erwähnenswert sind in diesem Kontext auch die Patchworkfamilien, die man früher Stieffamilien nannte. Der Begriff Stiefmutter und Stiefvater hatte jedoch in aller Regel einen negativen Charakter. Der heutige Begriff Patchworkfamilie ist eindeutig positiv besetzt. Man denkt an die bunte Patchworkdecke: Aus vielen unterschiedlichen Flecken und Stoffteilen entsteht etwas Buntes, Lustiges, Schönes, das wärmt. Die Varianten sind zahlreich und die Zahl dieser bunt zusammengesetzten Familien steigt kontinuierlich. Man schätzt, dass heute schon jede siebte Familie eine Patchworkfamilie ist. Die Erfahrungen zeigen: Es kann zwar eine Zeit dauern, bis sich die einzelnen Familienmitglieder aneinander gewöhnt haben, und alle brauchen Geduld und Verständnis, aber am Ende funktionieren diese Familien genauso gut (oder schlecht) wie „normale" Familien.

8 Was glauben Sie, was sind die größten Herausforderungen für die Mitglieder einer Patchworkfamilie (Elternteile, Kinder)? Notieren Sie ein paar Stichpunkte.

Übersicht über die in dieser Reihe erschienenen Bände:

Stufe 1 ab A1
Das schnelle Glück
Der 80. Geburtstag
Die Neue
Die Prinzessin
Ein Hundeleben
Gebrochene Herzen
Miss Hamburg
Schwere Kost

Stufe 2 ab A2
Der Einbruch
Der Jaguar
Große Gefühle
In Gefahr
Liebe im Mai
Oktoberfest – und zurück
Schöne Ferien
Unter Verdacht

Stufe 3 ab B1
Hinter den Kulissen
Leichte Beute
Speed Dating
Stille Nacht